GANGSTERS
YN Y GLAW

D1427525

Cyhoeddwyd yn 2018 gan
Wasg Gomer, Llandysul, Ceredigion SA44 4JL
www.gomer.co.uk

ISBN 978 1 78562 241 0

Dymuna'r cyhoeddwyr gydnabod cymorth ariannol
Cyngor Llyfrau Cymru.

Argraffwyd a rhwymwyd yng Nghymru gan Wasg Gomer,
Llandysul, Ceredigion SA44 4JL

GANGSTERS YN Y GLAW

ELSA BOWEN

DITECTIF PREIFAT

PEGI TALFRYN

LLUNIAU GAN
HYWEL GRIFFITH

Gomer

Pennod 1

Elsa Bowen dw i. Ditectif preifat dw i. Dw i'n byw yng
Nghaernarfon. Dw i'n dŵad o Gaernarfon yn wreiddiol.
Dw i'n gweithio yng Nghaernarfon. **Cofi dre** dw i.
Dw i ddim yn hoffi Caernarfon ond mae Caernarfon yn
fy **ngwaed** i.

Dydd Llun
9 o'r gloch y bore

Roedd hi'n oer. Roedd Caernarfon yn **ddiflas**. Roedd hi'n
wlyb. Mae hi bob amser yn bwrw glaw yng Nghaernarfon.
Mae Caernarfon yn ofnadwy.
   Ro'n i yn fy swyddfa i. Ro'n i'n darllen y post. Post efo
inc coch. Biliau. Doedd gen i ddim pres i dalu'r biliau.
Ro'n i'n yfed coffi du. Coffi oer. Dim siwgr. Dim llefrith.
Ych a fi!
   Mi wnes i glywed cnoc ar y drws.
   'Dewch i mewn!'
Mi wnes i weld Llio Llywelyn, Llio Llyfrau, yn dŵad i
mewn. Mae Llio yn rhedeg y siop lyfrau yn y dre.
   'Helô, Llio. Sut wyt ti?'

Cofi dre – *a native of Caernarfon*   **diflas** – *miserable*

gwaed – *blood*   **Dewch i mewn!** – *Come in!*

'Dim Llio dw i.'

'O, wrth gwrs. Mae'n ddrwg gen i, Hawys.'

Mae Llio a Hawys yn **efeilliaid**. Mae hi'n **anodd** gwybod pwy ydy pwy weithiau. Roedd Llio a Hawys yn yr ysgol efo fi. Roedd Llio yn hoffi darllen llyfrau yn yr ysgol. Doedd hi ddim yn hoffi chwaraeon. Rŵan mae hi'n **berchennog** siop lyfrau yn y dre. Mae hi'n siop fendigedig, efo llyfrau Cymraeg, Saesneg a'r coffi **gorau** yn y dre.

Yn yr ysgol roedd Hawys yn hoffi darllen hefyd, ac roedd hi'n hoffi chwaraeon. Hawys oedd y **brif ferch**. Hawys oedd capten y tîm hoci. Roedd pawb yn hoffi Hawys. Roedd pob hogyn isio mynd allan efo Hawys. Roedd hi'n **boblogaidd** iawn. Mae pawb yn nabod rhywun fel Hawys.

Person busnes ydy Hawys rŵan. Mae hi'n teithio'r byd efo'i gwaith hi. Mae hi'n byw yn Lerpwl, dw i'n meddwl. Mae hi'n siarad Rwsieg a Tsieineeg. Mae hi'n gwisgo dillad smart bob amser. Roedd hi'n gwisgo siwt ddu y tro yma.

'Sut wyt ti, Hawys? Eistedda i lawr.'

Mae Hawys yn edrych yn drist ac yn **bryderus**.

'Wyt ti'n iawn?'

'Dw i'n **poeni** am Llio. Mae hi'n actio'n od. Dydy hi ddim yn edrych yn hapus.'

'Dw i ddim yn hapus drwy'r amser. Dwyt ti ddim isio ditectif i helpu rhywun anhapus.'

efeilliaid – *twins*	**prif ferch** – *head girl*
anodd – *difficult*	**poblogaidd** – *popular*
perchennog – *owner*	**pryderus** – *worried*
gorau – *best*	**poeni** – *to worry*

'Ond mae pobl **amheus** yn dŵad i mewn i'r siop. Ac mae'r bobl amheus yn prynu llyfrau. Maen nhw'n dŵad ac yn gofyn, "Ydy'r llyfr **yn barod** eto?" Ond dydyn nhw ddim yn bobl "llyfrau". Yr wythnos **diwetha** ro'n i'n gweithio yn y siop ac mi wnaeth Elfyn Elis ddŵad i mewn. Dw i'n **ofni** Elfyn. Mae o'n ffrindiau efo Lilith Lewys. Lilith ydy **pennaeth** y gangsters yng Nghaernarfon. Roedd Elfyn yn **flin**.'

'Mae hi'n **beryg** iawn bod yn ffrindiau efo Elfyn.'

'Ddoe mi wnaeth Llio gael llythyr. Mi wnaeth hi agor y llythyr ... a dechrau crio.'

'Wel, Hawys, be wyt ti isio i mi wneud?'

'Wyt ti'n medru **ffeindio allan** be ydy'r broblem efo Llio? Dw i'n hapus iawn i dalu, wrth gwrs.'

'Diolch. A bydda i isio **blaendal**.'

'Dim problem. Dw i'n mynd i Kazakhstan yfory, ond dyma **fy nghyfeiriad e-bost i**.'

'Iawn. Dw i'n medru dechrau'r gwaith rŵan.'

'Diolch, Elsa. Rwyt ti'n ffrind da.'

'Dw i'n gweithio i wneud pres.'

amheus – *suspicious*	**blin** – *angry*
yn barod – *ready*	**peryg** – *dangerous*
diwetha – *last*	**ffeindio allan** – *to find out*
ofni – *to fear*	**blaendal** – *deposit*
pennaeth – *boss*	**fy nghyfeiriad e-bost i** – *my email address*

Pennod 2

Dydd Llun

2 o'r gloch y prynhawn

Mae hi'n braf cael paned dda weithiau. Ro'n i'n eistedd ar y soffa yn siop lyfrau Llyfrau Llio ac yn mwynhau'r coffi **tywyll**, du. Mae Llio'n gwneud paned dda bob tro. Dw i'n hoffi siop Llio. Mae'n lle **taclus** ac mae croeso mawr i bawb. Mae posteri ar y wal. Mae plant bach yn eistedd ar y llawr yn darllen llyfrau. Ro'n i'n **smalio** gweithio, yn edrych ar y **cyfrifiadur** ac yn teipio weithiau. Ro'n i'n teipio '**rwtsh**'! Ond **go iawn** ro'n i'n gwylio Llio ac yn edrych ar y **cwsmeriaid** yn dod i mewn.

Mi wnaeth Dewi Bevan ddŵad i mewn. Mae o'n ddyn pwysig yng Nghaernarfon. Mae o'n ysgrifennu **barddoniaeth**.

'Helô, Llio. Sgen ti gopi mis Mawrth o *Barn* **os gweli di'n dda?**'

'Oes, wrth gwrs. Mae *Barn* ar y silff ar y chwith.'

'Diolch yn fawr.'

tywyll – *dark*	**go iawn** – *really*
taclus – *tidy*	**cwsmeriaid** – *customers*
smalio – *to pretend*	**barddoniaeth** – *poetry*
cyfrifiadur – *computer*	*Barn* – *a popular Welsh magazine*
rwtsh – *rubbish*	**os gweli di'n dda** – *please (informal)*

Yna mi wnaeth mam efo dau blentyn ddŵad i mewn.
'Mam! Dw i isio llyfr newydd Miss Prydderch,' **meddai**'r un cyntaf.
'Mae gen ti lyfr newydd Miss Prydderch.'
'Ond mae llyfr newydd, NEWYDD yn y siop.'
'O. Iawn 'te. Un copi o lyfr newydd Miss Prydderch, os gwelwch yn dda. A chopi o *Papur Dre*.'
'Dyma chi.'
Dw i'n gofyn am baned arall o goffi. Dw i'n mynd i fod isio mynd i'r tŷ bach **cyn bo hir**.
Yna mae Mel Morus yn dŵad i mewn. Mel? Ydy Mel yn medru darllen? Y tabloids ella! Ond llyfr?
'Ga i gopi o *Calon Lân* os gwelwch yn dda?'
'Mae copi i chi dan y cownter.'
Mae'r llyfr *Calon Lân* yn eitha mawr. Mae'r llyfr mewn papur brown. Mae Mel yn talu am y llyfr ac yn mynd allan.
Hanner awr wedyn. Mae Gethin Glyn, neu Gethin Gorila, yn dŵad i mewn. Mae Gethin yn hoffi chwarae pêl-droed, ond dydy o ddim yn hoffi darllen. Ond mae copi o *Calon Lân* dan y cownter i Gethin. Mae o'n prynu'r llyfr ac yn mynd allan.
Mae'n llyfr poblogaidd. Dw i'n mynd at y cownter.
'Ga i gopi o *Calon Lân* os gweli di'n dda, Llio ?'
'Mae'n ddrwg gen i, Elsa, ond does 'na ddim copi i ti dan y cownter.'

---

meddai – *said*   cyn bo hir – *before too long*
Papur Dre – *a local paper*
in Caernarfon

13

'Ga i **archebu** copi?'

'Mae o **allan o brint**.'

Dw i'n gadael y siop. Ond dw i isio dŵad yn ôl eto.

Nos Lun

Gyda'r nos mi es i i dafarn y Llew Aur yng Nghaernarfon. Dw i'n mynd i'r dafarn bron bob nos ar ôl y gwaith – os oes gen i bres.

Mi wnes i weld fy ffrind i, Emyr Williams, yn y dafarn. Mae Emyr yn gweithio efo'r *Gwynedd Post*. Dw i'n nabod Emyr ers talwm. Mae o'n ffrind da os dw i mewn trwbwl.

'Be wyt ti isio, Emyr?'

'Peint o gwrw os wyt ti'n talu!'

Mi wnes i fynd at y bar a gofyn i Huw Llew oedd tu ôl i'r bar am y **diodydd**.

'Be wyt ti isio, Elsa?'

'Ga i beint o gwrw a wisgi dwbwl?'

'Wrth gwrs. Wyt ti isio **rhew**?'

'Ydw, plis. Tipyn bach.'

Mi wnes i gario'r diodydd at y bwrdd lle roedd Emyr yn eistedd.

'Dyma ti.'

'Diolch. Iechyd da.'

'Sut mae pethau efo ti, Emyr?'

'Go lew, diolch. A ti? Wyt ti'n brysur?'

'Ydw. **Diolch byth**.'

Mi wnes i ddeud popeth wrth Emyr. Mae o'n dda. Dydy

archebu – *to order*	**rhew** – *ice*
allan o brint – *out of print*	**diolch byth** – *thank goodness*
diodydd – *drinks*	

14

o ddim yn rhoi dim byd yn y *Gwynedd Post* **heb ofyn** i mi. Ac mi fydd o bob amser yn barod i helpu.

'Mae'n **swnio** fel problem fawr, Elsa. Mae pobl ofnadwy yn dŵad i mewn i'r siop.'

'Ac mae Llio'n edrych yn **ofnus**.'

'Rhaid i ti ffonio os wyt ti isio help.'

'Diolch, Emyr.'

'Wyt ti isio diod arall?'

'Os wyt ti'n talu!'

---

heb ofyn – *without asking*   **ofnus** – *afraid*
swnio – *to sound*

Pennod 3

Dydd Gwener
10 o'r gloch y bore

Dw i'n teipio e-bost at Hawys ac yn yfed coffi yn siop lyfrau Llio.

Sut wyt ti, Hawys? Sut mae'r tywydd yn Kazakhstan? Mae hi'n bwrw glaw yng Nghaernarfon –wrth gwrs!

*Dw i'n **cadw llygad ar** Llio. Dw i ddim yn mynd i mewn i'r siop lyfrau bob dydd. Dw i'n poeni bydd Llio'n dechrau **sylwi** os ydw i yn y siop drwy'r amser.*

*Ond mae rhywbeth **rhyfedd** yn **mynd ymlaen** yn y siop. Mae pobl od yn dŵad i mewn i'r siop. Ddim pobl normal ydyn nhw, ond pobl beryg. Maen nhw'n dŵad i'r siop ac yn prynu un llyfr o dan y cownter. Mae llyfr newydd bob wythnos. Bob tro, mae'r llyfr mewn papur brown. Ar y dechrau Calon Lân oedd y llyfr. Rŵan mae pobl yn prynu Myfanwy.*

*Ddoe mi wnes i **ddilyn** Gethin Glyn. Mi wnaeth o fynd i'r siop. Roedd o'n cario llyfr allan o'r siop. Mi wnaeth o*

---

cadw llygad ar – *to keep an eye on*	**mynd ymlaen** – *to go on*
sylwi – *to notice*	**dilyn** – *to follow*
rhyfedd – *strange*	

droi i Stryd y Plas Mawr. Pan wnes i droi i Stryd y Plas Mawr doedd Gethin ddim yn cario'r llyfr!

Mi wnes i edrych yn y bin ar Stryd y Plas Mawr. Roedd y papur brown a'r llyfr yn y bin! Mi wnes i gymryd y llyfr allan o'r bin. Mi wnes i agor y llyfr. Roedd **twll** mawr yn y llyfr. Roedd **mwy na geiriau** wedi bod yn y llyfr!

Dw i'n poeni am Llio. Dydy Llio ddim yn berson i **smyglo**. Ond mae rhywbeth yn y llyfrau. Mae'r llyfrau yn cario rhywbeth. Dw i ddim isio mynd at yr heddlu. Dw i ddim isio cael Llio i drwbwl.

Dw i'n mynd i siop Llio pnawn 'ma. Ella ga i ddysgu rhywbeth. Dw i'n mynd i drio siarad efo Llio. Ella bydda i'n medru rhoi newyddion i ti wedyn.

Wyt ti'n mwynhau yn Kazakhstan? –
Hwyl, Elsa B

troi – *to turn*	**mwy na geiriau** – *more than words*
twll – *hole*	**smyglo** – *to smuggle*

Pennod 4

Dydd Gwener

2 o'r gloch y prynhawn

Dw i yn siop lyfrau Llio. Mae'r coffi yn gryf. Mae pobl yn dŵad i mewn ac yn mynd allan. *Ar Lan y Môr* ydy'r llyfr dan y cownter heddiw. Mae hi'n **ddistaw** yn y siop lyfrau. Dw i'n mynd i siarad efo Llio.

'Sut wyt ti, Llio?'

'Dw i'n iawn, diolch yn fawr, Elsa. Sut wyt ti?'

'Dw i'n dda iawn, diolch i ti.'

'Rwyt ti'n dŵad i'r siop lot fawr **yn ddiweddar.**'

'Dyma'r coffi gorau yn y dre.'

'Diolch.'

'Sut mae'r busnes yn mynd?'

'Wel, fel rwyt ti'n gwybod, mae hi'n anodd rhedeg siop lyfrau **annibynnol.** Ond mae gen i lawer o gwsmeriaid da. Mae'r busnes yn iawn.'

'Wyt ti'n cael llawer o lyfrau newydd?'

'Ydw. Llyfrau Cymraeg a Saesneg.'

'Dw i'n gweld llawer o bobl yn cael llyfrau dan y cownter.'

---

distaw – *quiet*   **annibynnol** – *independent*

yn ddiweddar – *recently*

Mae Llio yn edrych yn **nerfus** iawn.

'Mae llawer o bobl yn archebu llyfrau **o flaen llaw.**'

Yn sydyn, mae'r ffôn yn canu. Mae Llio yn mynd at y cownter i ateb y ffôn.

'Pnawn da. Llyfrau Llio ... Ydw ... Nac ydy ... Ydy ... Oedd ... Heno? ... Ro'n i'n mynd i ... Iawn ... Faint o'r gloch? ... **O'r gorau** ... un ar ddeg o'r gloch ... Iawn ... Hwyl.'

Mae hi'n trio **sibrwd** ond dw i'n clywed pob gair.

Mae Llio'n rhoi'r ffôn i lawr. Mae hi'n edrych yn anhapus.

'Mae'n ddrwg gen i, Elsa. Mae gen i lawer o waith yn y siop.'

Mae hi'n cerdded i'r **stafell gefn yn gyflym.**

nerfus – *nervous*	**sibrwd** – *to whisper*
o flaen llaw – *in advance*	**stafell gefn** – *back room*
yn sydyn – *suddenly*	**yn gyflym** – *quickly*
o'r gorau – *alright*	

Dydd Gwener
6 o'r gloch yr hwyr.

Pennod 5

Nos Wener

9 o'r gloch y nos

Fel arfer mae Caernarfon yn llawn pobl ar nos Wener.
Ond ddim heno. Mae hi'n bwrw glaw, wrth gwrs. Mae
hi'n stormus, a deud y gwir. Mae hi'n oer. Mae gen i het
a menig. Ond maen nhw adre yn y tŷ! Dw i mewn sach
gysgu o flaen siop yn smalio bod yn ddigartref. Dw i
ddim isio i neb fy nabod i.

Mi wnes i weld rhywun yn cerdded lawr y lôn. Mi
wnaeth y person daflu rhywbeth ar y sach gysgu. Darn
deg ceiniog. Ac mae rhai pobl yn deud bod gwaith ditectif
ddim yn talu!

Mi wnes i glywed sŵn traed yn cerdded yn araf. Mi
wnes i glywed sŵn ... dŵr? Mi wnes i droi rownd a gweld
Melfyn Maip, ffermwr o'r Bontnewydd. Mae Melfyn yn
gweithio'n galed iawn, ond pan mae o'n ymlacio mae o'n
chwarae'n galed, ac yn yfed yn drwm. Y tro yma doedd

fel arfer – *usually*	taflu – *to throw*
a deud y gwir – *to tell the truth*	darn – *piece*
menig – *gloves*	sŵn traed – *footsteps*
sach gysgu – *sleeping bag*	ymlacio – *to relax*
digartref – *homeless*	yn drwm – *heavily*

Melfyn Maip ddim yn medru cerdded. Doedd o ddim yn medru ffeindio'r tŷ bach. Roedd o'n defnyddio'r wal fel ...

Ych a fi! Mi wnes i **swatio** i lawr yn y sach gysgu ac **edrych i ffwrdd**.

Sŵn traed eto. Sŵn traed merch. Traed Llio'n dŵad i lawr y stryd. Sŵn traed yn stopio wrth fy sach gysgu i. Mi wnes i **guddio** fy mhen i a theimlo rhywbeth yn **glanio** ar y sach. Sŵn traed Llio yn cerdded i ffwrdd. Mi wnes i edrych a gweld ... darn dwy bunt. **Chwarae teg!** Roedd Llio'n meddwl am berson anhapus **hyd yn oed** pan oedd hi'n cael problemau.

Mi wnaeth Llio gerdded ymlaen ac agor drws y siop lyfrau. Mi wnes i weld golau'r siop ar y stryd wlyb. Mi wnaeth Llio eistedd i lawr a dechrau gweithio. Mi wnes i aros. Ro'n i'n meddwl am gael wisgi dwbwl yn y Llew Aur. Dau wisgi dwbwl.

Yn sydyn, mi wnes i glywed sŵn **injan** car. Mi wnaeth Jaguar coch ddŵad i lawr Lôn y Plas. Elfyn Elis oedd yn gyrru. Os oedd Elfyn yn gyrru ... trwbwl mawr! Oedd. Roedd Lilith Lewys yn eistedd yn y cefn.

Fel gwnes i ddeud ar y dechrau, gangster ydy Lilith Lewys. Lilith ydy bòs y gangsters yng Nghaernarfon. Mae pawb yn ofni Lilith. Roedd hi'n gwisgo côt goch ac roedd hi'n cario bag coch. Mae Lilith yn hoffi coch.

Mi wnaeth Elfyn agor y drws i Lilith fynd i mewn i'r siop. Mi wnaeth Elfyn fynd 'nôl i'r Jaguar a **chodi** bocs

swatio – *to cower*	**Chwarae teg!** – *Fair play!*
edrych i ffwrdd – *to look away*	**hyd yn oed** – *even*
cuddio – *to hide*	**injan** – *engine*
glanio – *to land*	**codi** – *to lift*

mawr o **gist y car**. Mi wnaeth o gario'r bocs i mewn i siop lyfrau Llio ...

Roedd sŵn mawr yn y siop. Roedd Lilith yn **gweiddi**. Roedd Llio'n crio. Mi wnes i fynd yn agos at ffenest y siop, ond ddim yn rhy agos. Ro'n i isio clywed y **sgwrs**.

Lilith: Bocs dan y cownter, Elfyn! Wedyn, aros.

Llio: Dw i wedi bod yn gwneud be dach chi isio ers **misoedd** rŵan. Dw i isio stopio. Plis!

Lilith: Stopio? Na ... dw i ddim yn meddwl! Dach chi'n mynd i weithio i mi **am byth**.

Llio: Ond dw i isio gwerthu llyfrau. Dw i ddim isio **torri'r gyfraith**.

Lilith: Mi wnaethoch chi ofyn am help achos dydy gwerthu llyfrau ddim yn gwneud arian mawr. Sgynnoch chi **ddim dewis** rŵan. Mae gynnon ni **ffyrdd** i wneud i bobl weithio i ni. Rŵan dan ni'n **dyblu**'r 'llyfrau dan y cownter' sy'n dŵad drwy'r siop o'r wythnos nesaf ymlaen. Dan ni'n mynd i ddechrau efo cân arall. Rhywbeth hapus, fel *Moliannwn*. Achos dw i'n teimlo'n hapus iawn heno. Reit, Elfyn. Amser mynd. Agor ddrws y car! Dw i isio ymbarél. Mae glaw Caernarfon yn ofnadwy.'

cist y car – *the car boot*	**torri'r gyfraith** – *to break the law*
gweiddi – *to shout*	**dim dewis** – *no choice*
sgwrs – *conversation*	**ffyrdd** – *ways*
misoedd – *months*	**dyblu** – *to double*
am byth – *forever*	

Mi wnes i fynd 'nôl i'r sach gysgu'n gyflym. Mi wnes i weld Lilith ac Elfyn yn gadael. Roedd Llio'n **dal** yn y siop. Roedd hi'n eistedd ar y soffa'n crio. Roedd y drws yn dal ar agor ac mi wnes i gerdded i mewn.

'Elsa! Be wyt ti'n wneud yma?'

'Mi wnes i glywed pob dim. Mae Hawys wedi **cysylltu** efo fi. Mae hi'n poeni. Mae hi wedi gofyn i mi weld be ydy'r broblem efo ti. Dw i'n gwybod tipyn bach. Mae Lilith yn smyglo rhywbeth yn y llyfrau. Ond be?'

'Dw i ddim yn gwybod. Dw i'n rhy ofnus i edrych.'

Mi wnaeth Llio **estyn** o dan y cownter a rhoi copi o *Ar Lan y Môr* i mi. Mi wnes i agor y papur brown a **thynnu**'r llyfr allan a gweld ... papurau £10 plastig.

'Felly mae Lilith wedi ffeindio ffordd i **ffugio**'r arian plastig newydd,' meddwn i. 'Mae **gwerth** £10,000 mewn un llyfr.'

'Mae hi'n **dosbarthu**'r llyfrau drwy'r siopau llyfrau Cymraeg **ar draws** Cymru. Dan ni i gyd isio pres. Dydy rhedeg siop lyfrau ddim yn gwneud arian mawr. Dw i'n teimlo'n ofnadwy. Dw i ddim yn gwybod be i'w wneud.'

'**Paid â phoeni**. Dw i yma i helpu. Dw i'n mynd i feddwl am rywbeth. Rhaid i ni stopio Lilith. Ond rhaid i ti stopio dosbarthu'r llyfrau dan y cownter.'

yn dal – *still*	**gwerth** – *worth*
cysylltu – *to contact*	**dosbarthu** – *to distribute*
estyn – *to reach*	**ar draws** – *across*
tynnu – *to pull*	**Paid â phoeni** – *Don't worry*
ffugio – *to fake*	

'Dw i isio stopio. Dw i ddim yn medru cysgu. Dw i'n poeni drwy'r amser. Dw i'n poeni bob tro mae plismon yn **cerdded heibio**'r siop. A dw i ddim yn hoffi'r bobl ddrwg fel Lilith Lewys ac Elfyn Elis a Mel Morus a Gethin Gorila yn dŵad i mewn i'r siop.'

'Dw i'n mynd i helpu, Llio. Rŵan, mae'n amser i ti fynd adre. Rwyt ti **angen** cysgu. Be am dipyn bach o wisgi cyn cysgu?'

'Diolch, Elsa. Dw i'n **teimlo'n well** rŵan.'

Tu allan i'r siop mi wnaeth Llio **gloi**'r drws. Roedd Llio'n dal yn ofnus, felly mi wnes i fynd â hi adre. Mae hi'n byw mewn tŷ yn ardal Hendre. Wedyn mi wnes i fynd adre i fy fflat bach oer i yn y dre. Mi wnes i yfed wisgi mawr o'r botel i **gynhesu**, yna mynd i'r gwely.

---

cerdded heibio – *to walk past*	**tu allan** – *outside*
angen – *to need*	**cloi** – *to lock*
teimlo'n well – *to feel better*	**cynhesu** – *to warm up*

Pennod 6

Roedd yr wythnos wedyn yn brysur iawn. Mi wnes i fynd i dŷ Llio **fwy nag unwaith**. Wnes i ddim mynd i'r siop. Do'n i ddim isio i bobl ddechrau meddwl bod rhywbeth od yn digwydd yn y siop.

Hefyd mi wnes i ffonio Emyr Williams o'r *Gwynedd Post*. Mi wnes i ddeud wrth Emyr be ro'n i'n mynd i'w wneud.

'Rhaid i ti fod yn **ofalus**, Elsa. Mae'r bobl yma yn bobl beryg.'

'Diolch, Emyr. Dw i'n ofalus bob amser.'

Brynhawn Mercher mi wnes i fynd i Ceir Caernarfon. Cwmni **llogi** ceir ydy o. Dw i'n gwsmer da yna.

'Helô, Peredur. Sut wyt ti?'

'Go lew, diolch, Elsa. Sut mae pethau efo ti?'

'**Digon** o waith, diolch byth!'

'Be wyt ti isio heddiw?'

'Dw i angen car bach du ar gyfer yfory.'

'Reit ... Dw i'n **dallt**. Ond bydd angen i ni gael blaendal mawr gen ti ... ar ôl **y tro diwetha**.'

mwy nag unwaith – *more than once*	**digon** – *enough, plenty*
gofalus – *careful*	**dallt (deall)** – *to understand*
llogi – *to hire*	**y tro diwetha** – *the last time*

'O, ia. Mae'n ddrwg gen i am be wnaeth ddigwydd!'
'Roedd rhaid i ni sgrapio'r car.'
'**Doedd gen i mo'r help**. Sori '
'Dw i'n gwybod, ond rhaid i ni gael blaendal mwy tro 'ma.'
'O'r gorau, ond wedyn fydd gen i ddim ceiniog ar ôl.'
'Rhaid i ti ddysgu gyrru'n ofalus.'

Felly mi wnes i gael car bach du **er mwyn** gwneud y gwaith. Ond roedd rhaid i mi edrych yn **wahanol** hefyd. Mi wnes i **baratoi** fore Iau.

Does dim rhaid i ti wisgo het a **sbectol haul** i **newid** y ffordd rwyt ti'n edrych. Mae gen i wallt **byr**, felly mi wnes i wisgo fel dyn ifanc, yn gwisgo jîns a chap, ac yn cario **sach gefn**. Mi wnes i roi **plorod** ar **fy wyneb i**. Ac mi wnes i ddechrau cerdded fel dyn ifanc a chwarae efo fy **ffôn symudol** i drwy'r amser. Do'n i ddim yn Elsa Bowen. Ro'n i'n **ymwelydd** ar ei wyliau yng Nghaernarfon.

Dydy hi ddim yn anodd ffeindio Elfyn Elis ar fore dydd Iau. A deud y gwir, dydy hi ddim yn anodd ffeindio Elfyn unrhyw fore. Mae o'n cael ei frecwast yn **yr un** caffi – Caffi Lobsgows – bob tro. Ro'n i yno am 8.00. Roedd rhaid

doedd gen i mo'r help – *I coudn't help it*	**sach gefn** – *backpack*
er mwyn – *in order to*	**plorod** – *pimples*
gwahanol – *different*	**fy wyneb i** – *my face*
paratoi – *to prepare*	**ffôn symudol** – *mobile phone*
sbectol haul – *sunglasses*	**ymwelydd** – *visitor*
newid – *to change*	**yr un** – *the same*
byr – *short*	

i mi aros tan 10.00 i weld Elfyn. Ro'n i'n yfed un baned o goffi am ddwy awr! Mi gaeth o frecwast siwpar-seis, yna cerdded i lawr i'r dre.

Mi aeth Elfyn o Gaffi Lobsgows i lawr i Gaffi'r Sgwâr a chael paned efo'i ffrindiau am awr.

Mi wnes i gael diwrnod hir yn dilyn Elfyn o gwmpas y dre. Roedd hi'n **niwlog** ac ro'n i'n wlyb ac yn ddiflas. Roedd y niwl yn **drewi** fel y môr, fel pysgod a deud y gwir. Doedd Elfyn ddim yn gwneud llawer. Mi aeth o'r caffi i'r dafarn, i gaffi arall ac yna i siopa.

Ond am bedwar o'r gloch mi wnaeth o fynd i faes parcio siop fawr. Roedd car coch Lilith yna.

Mi wnes i redeg i **stryd gefn** lle roedd y car bach du. Mi wnes i yrru'n gyflym i'r maes parcio a gweld car Lilith yn gadael. Mi wnes i ddechrau dilyn y car **o bell**.

Mi wnaeth y car coch fynd ar yr A487 **tua** Bangor. Wnaeth o ddim troi **i gyfeiriad** Bangor wrth y **cylchfan** tu allan i'r dre. Mi wnaeth o droi i'r chwith i gyfeiriad Pont Britannia. Oedd o'n mynd i Ynys Môn? Nac oedd. Mi wnaeth o droi i'r chwith i mewn i'r **stad ddiwydiannol**. Mi wnaeth o fynd i mewn i'r stad a gyrru i'**r pen draw**.

Roedd **lôn gul** tu ôl i ffatri fawr. Mi wnaeth y car coch fynd ar hyd y lôn. Mi wnes i barcio'r car bach du a dechrau cerdded. Doedd dim posib i'r lôn yma fynd **yn bell**.

niwlog – *foggy*	**cylchfan** – *roundabout*
drewi – *to stink*	**stad ddiwydiannol** – *industrial estate*
stryd gefn – *back street*	**y pen draw** – *the far end*
o bell – *from afar*	**lôn gul** – *narrow lane*
tua – *towards*	**yn bell** – *far*
i gyfeiriad – *in the direction of*	

Doedd y lôn ddim yn mynd yn bell o gwbl. Roedd hi'n mynd at **waelod** Pont Britannia. Ac roedd drws mawr yn un o **dyrau cerrig** y bont. Roedd pobl yn cario bocsys o'r drws i'r car.

Mi wnes i weld **rhaglen deledu** ers talwm am Bont Britannia. Mae tyrau'r bont yn **wag** ac mae hi'n edrych fel eglwys fawr **tu mewn** i'r bont. Mae pobl yn mynd i mewn i'r bont i wneud gwaith. Ond yn y rhaglen deledu roedd y drws i'r bont ar **ochr** Ynys Môn. Wnaethon nhw ddim siarad am ddrws ar ochr Bangor.

Felly ro'n i wedi ffeindio'r ffatri gwneud pres! Dyma lle roedd Lilith yn gwneud y papurau £10 **ffug**! Roedd o'n lle ardderchog achos doedd neb yn medru clywed sŵn ffatri efo'r traffig ar y bont. Mi wnes i fynd 'nôl i'r car a chodi'r ffôn. Mi wnes i ddeud pob dim wrth Emyr yn y *Gwynedd Post*. Do'n i ddim isio ffonio'r heddlu **fy hun**. Ro'n i isio i'r heddlu gael **galwad ffôn** gan berson **dienw**. Mae Emyr yn dda am wneud galwad ffôn ddienw.

gwaelod – *bottom*	**ochr** – *side*
tyrau cerrig – *stone towers*	**ffug** – *fake, false*
rhaglen deledu – *television programme*	**fy hun** – *myself*
gwag – *empty*	**galwad ffôn** – *telephone call*
tu mewn – *inside*	**dienw** – *anonymous*

Pennod 7

Nos Iau

Roedd y car 'nôl yng Ngheir Caernarfon. Roedd Peredur yn hapus o gael y car 'nôl mewn un darn. Ro'n i'n hapus o gael y blaendal 'nôl.

Ro'n i yn y Llew Aur efo Emyr a Llio. Llio oedd yn talu am y wisgi – un mawr!

Mi wnaeth Emyr ddechrau siarad. 'Mae'r heddlu wedi arestio pawb oedd yn y ffatri o dan Bont Britannia. Maen nhw wedi cau'r ffatri. Maen nhw wedi stopio'r busnes papurau £10 ffug.'

'Ond be am Lilith? Ydyn nhw wedi **dal** Lilith?'

'Mae hi wedi **dianc**. Dan ni'n siŵr o glywed gan Lilith eto.'

Yna mi wnes i droi at Llio. 'Reit, Llio. Mi oeddet ti **mewn picil** ac mi oeddet ti'n lwcus o gael Hawys i dalu i mi helpu. Ond rhaid i ti beidio â gweithio efo pobl fel Lilith eto!'

'Dw i ddim yn mynd i wneud hynny, siŵr. Dw i **byth** isio bod ofn ac mewn trwbwl fel hynny eto.'

dal – *to catch*	**mewn picil** – *in a mess*
dianc – *to escape*	**byth** – *never*

Yna mi wnaeth Emyr ddechrau siarad efo fi. 'Rwyt ti wedi gwneud gwaith da, Elsa. Rwyt ti wedi stopio Lilith a'r busnes arian ffug. Hefyd rwyt ti wedi **achub** siop lyfrau Llio. Wyt ti'n teimlo'n hapus am hynny?'

'Ro'n i'n gwneud fy ngwaith i. Ditectif ydw i. Dw i bob amser yn teimlo'n hapus pan dw i'n cael y ffi.'

'Pam dwyt ti byth yn hapus?'

'Dw i'n byw yng Nghaernarfon. Mae hynny'n ddigon.'

'Rwyt ti'n deud hynny bob tro. Pam rwyt ti'n aros yma?'

'Cofi dre ydw i. Dw i wedi byw yma **erioed**. Dyma lle dw i'n **perthyn**.'

'Wyt ti isio diod arall?'

'Dim diolch, Emyr. Dw i'n barod i fynd adre.'

Mi wnes i fynd allan o'r dafarn. Mi wnes i gerdded adre yn y glaw. Dw i ddim yn hoffi Caernarfon yn y glaw. Mi wnes i gyrraedd adre i'r fflat oer. Ro'n i isio **cawod** ond roedd hi'n rhy hwyr. Mi wnes i fynd i **frwsio fy nannedd i**. Roedd rhywbeth ar y **drych**. Rhywbeth bach, coch. Mi wnes i symud yn fwy agos ac edrych. Yno, ar y gornel, roedd 'L' mewn **minlliw** coch. Roedd Lilith, neu un o ddynion Lilith, wedi bod yma. Roedd hi isio i mi boeni. Ond ro'n i wedi blino gormod i boeni am Lilith. Mi wnes i frwsio fy nannedd i a mynd i'r gwely.

achub – *to rescue*	**brwsio fy nannedd i** – *to brush my teeth*
erioed – *always*	**drych** – *mirror*
perthyn – *to belong*	**minlliw** – *lipstick*
cawod – *shower*	

Pennod 8

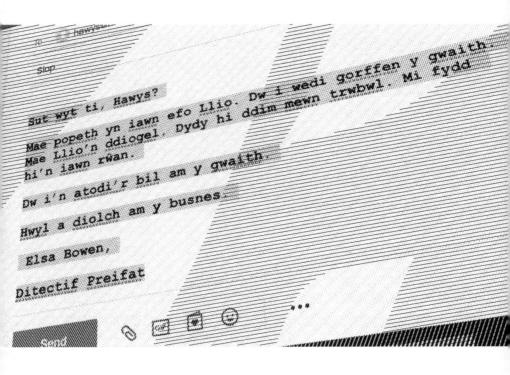

To 📧 hawys...

Stop

Sut wyt ti, Hawys?

Mae popeth yn iawn efo Llio. Dw i wedi gorffen y gwaith.
Mae Llio'n ddiogel. Dydy hi ddim mewn trwbwl. Mi fydd
hi'n iawn rŵan.

Dw i'n atodi'r bil am y gwaith.

Hwyl a diolch am y busnes.

Elsa Bowen,

Ditectif Preifat

---

diogel – *safe*   **atodi** – *to attach*

Geirfa

achub – *to rescue*
a deud y gwir – *to tell the truth*
angen – *to need*
allan o brint – *out of print*
am byth – *forever*
amheus – *suspicious*
annibynnol – *independent*
anodd – *difficult*
archebu – *to order*
ar draws – *across*
atodi – *to attach*

barddoniaeth – *poetry*
Barn – *a popular Welsh magazine*
blaendal – *deposit*
blin – *angry*
brwsio fy nannedd i – *to brush my teeth*
byr – *short*
byth – *never*

cadw llygad ar – *to keep an eye on*
cawod – *shower*
cerdded heibio – *to walk past*
cist y car – *the car boot*
cloi – *to lock*
codi – *to lift*
Cofi dre – *a native of Caernarfon*

cuddio – *to hide*
cwsmeriaid – *customers*
cyfrifiadur – *computer*
cylchfan – *roundabout*
cyn bo hir – *before too long*
cynhesu – *to warm up*
cysylltu – *to contact*

Chwarae teg! – *Fair play!*

dal – *to catch*
dallt (deall) – *to understand*
darn – *piece*
Dewch i mewn! – *Come in!*
dianc – *to escape*
dienw – *anonymous*
diflas – *miserable*
digartref – *homeless*
digon – *enough, plenty*
digwydd – *to happen*
dilyn – *to follow*
dim dewis – *no choice*
diodydd – *drinks*
diogel – *safe*
diolch byth – *thank goodness*
distaw – *quiet*
diwetha – *last*
doedd gen i mo'r help – *I couldn't help it*
dosbarthu – *to distribute*
drewi – *to stink*

45

drych – *mirror*
dyblu – *to double*

edrych i ffwrdd – *to look away*
efeilliaid – *twins*
erioed – *always*
er mwyn – *in order to*
estyn – *to reach*

fel arfer – *usually*
fy nghyfeiriad e-bost – *my email address*
fy hun – *myself*
fy wyneb i – *my face*

ffeindio allan – *to find out*
ffôn symudol – *mobile phone*
ffug – *fake, false*
ffugio – *to fake*
ffyrdd – *ways*

galwad ffôn – *telephone call*
glanio – *to land*
gofalus – *careful*
go iawn – *really*
gorau – *best*
gwaed – *blood*
gwaelod – *bottom*
gwag – *empty*
gwahanol – *different*
gweiddi – *to shout*
gwerth – *worth*

heb ofyn – *without asking*
hyd yn oed – *even*

i gyfeiriad – *in the direction of*
injan – *engine*

lôn gul – *narrow lane*

llogi – *to hire*

meddai – *said*
menig – *gloves*
mewn picil – *in a mess*
minlliw – *lipstick*
misoedd – *months*
mwy na geiriau – *more than words*
mwy nag unwaith – *more than once*
mynd ymlaen – *to go on*

nerfus – *nervous*
newid – *to change*
niwlog – *foggy*

o bell – *from afar*
ochr – *side*
o flaen llaw – *in advance*
ofni – *to fear*
ofnus – *afraid*
o'r gorau – *alright*
os gweli di'n dda – *please (informal)*

Paid â phoeni – *Don't worry*
Papur Dre – *a local paper in*
Caernarfon
paratoi – *to prepare*
pennaeth – *boss*
perchennog – *owner*
perthyn – *to belong*
peryg – *dangerous*
plorod – *pimples*
poblogaidd – *popular*
poeni – *to worry*
prif ferch – *head girl*
pryderus – *worried*

rwtsh – *rubbish*

rhaglen deledu – *television*
programme
rhew – *ice*
rhyfedd – *strange*

sach gefn – *backpack*
sach gysgu – *sleeping bag*
sbectol haul – *sunglasses*
sgwrs – *conversation*
sibrwd – *to whisper*
smalio – *to pretend*
smyglo – *to smuggle*
stad ddiwydiannol – *industrial*
estate
stafell gefn – *back room*
stryd gefn – *back street*

swatio – *to cower*
swnio – *to sound*
sŵn traed – *footsteps*
sylwi – *to notice*

taclus – *tidy*
taflu – *to throw*
teimlo'n well – *to feel better*
torri'r gyfraith – *to break the*
law
troi – *to turn*
tua – *towards*
tu allan – *outside*
tu mewn – *inside*
twll – *hole*
tynnu – *to pull*
tyrau cerrig – *stone towers*
tywyll – *dark*

ymlacio – *to relax*
ymwelydd – *visitor*
yn barod – *ready*
yn bell – *far*
yn dal – *still*
yn drwm – *heavily*
yn ddiweddar – *recently*
yn gyflym – *quickly*
yn sydyn – *suddenly*
y pen draw – *the far end*
yr un – *the same*
y tro diwetha – *the last time*